ALPHABET

DES

MERVEILLES DE L'UNIVERS.

Fort de l'Empereur à Alger.

Pont de la Guillotière à Lyon.

ALPHABET

DES

MERVEILLES DE L'UNIVERS

Illustré de 31 Gravures.

Grottes de Fingal.

PARIS.

LE BAILLY, LIBRAIRE,

6, rue Cardinale.

A	B	C	D	E
F	G	H	I	J
K	L	M	N	O
P	Q	R	S	T
U	V	X	Y	Z

a b c d e f g h
i j k l m n o p q
r s t u v x y z

A B C D E F G H
I J K L M N O P
Q R S T U V X Y

ba	be	bi	bo	bu
ca	ce	ci	co	cu
da	de	di	do	du
fa	fe	fi	fo	fu
ga	ge	gi	go	gu
ha	he	hi	ho	hu
ja	je	ji	jo	ju
ka	ke	ki	ko	ku
la	le	li	lo	lu
ma	me	mi	mo	mu
na	ne	ni	no	nu
pa	pe	pi	po	pu

qua	que	qui	quo	quu
ra	re	ri	ro	ru
sa	se	si	so	su
ta	te	ti	to	tu
va	ve	vi	vo	vu
xa	xe	xi	xo	xu
za	ze	zi	zo	zu
ai	ei	oi	ui	oua
an	en	in	on	un
ar	er	ir	or	ur
au	eu	oi	ou	oui
ay	ia	ié	io	ieu
ian	ien	ion	uin	oin

Pa pa.

Ma man.

Fan fan.

Gâ teau.

Jou jou.

Da da.

Tou tou.

Pou pée.

Dra gée.

Bé guin.
Ca ba ne.
Ca ba ret.
Cap tu rer.
Da moi seau.
Dé chi rer.
É tren ner.
Fan tai sie.
Gra pil ler.

RUISSEAU (LE) FABLE.

Où va le volume d'eau
Que roule ainsi ce ruisseau?
Dit un enfant à sa mère;
Sur cette rive si chère
D'où nous la voyons partir,
La verrons-nous revenir?
Non, mon fils, loin de sa source
Ce ruisseau fuit pour toujours:
Et cette onde, dans sa course,
Est l'image de nos jours.

AMSTERDAM.

Le port d'Amsterdam offre à la vue un spectacle ravissant : on voit devant soi, à droite et à gauche un foule de navires, d'embarcations et de mâts pavoisés des couleurs de toutes les nations. En pénétrant dans l'intérieur de la ville, on aperçoit de nombreux canaux qui se croisent de toutes parts, et qui sont bordés de quais plus ou moins riches, plantés d'arbres, derrière lesquels s'élèvent de belles maisons et de grands monuments.

B

BRUXELLES (Hôtel-de-Ville et beffroi).

Ancienne capitale du duché de Brabant, aujourd'hui de la Belgique depuis 1831, grande et belle ville sur la Senne 106,000 habitants. Comme toutes les places du Nord, Bruxelles a son beffroi, tour d'où l'on fait le guet et d'où l'on sonne l'alarme.

CORDILLIÈRES (les).

Une chaîne immense de montagnes traverse l'Amérique méridionale dans toute son étendue du sud au nord. Elle reçoit différents noms. La Cordillière des Andes, ici représentée, offre dans toute son étendue des neiges éternelles et un grand nombre de volcans. Les sommets les plus élevés appartiennent à la partie qui couvre la Colombie. C'est là que se trouve le Chimboraco, dont la hauteur est de 3,350 toises au-dessus du niveau de la mer. La largeur de cette chaîne varie de 20 à 40 lieues ; sa hauteur moyenne est de 2,400 toises.

DAME CHINOISE.

Le costume des femmes diffère peu de celui des hommes; elles prennent grand soin
de leurs chevelures, et se coiffent avec beaucoup de goût et d'élégance; elles se couvrent
rarement la tête. Les fleurs artificielles, les
riches épingles d'or, et de beaux papillons
qui y sont mêlés, forment un contraste agréa-
ble avec leurs cheveux noirs. Les couleurs
qu'elles préfèrent sont le vert et le rose. Dès
l'enfance on leur serre les pieds avec des
courroies pour les empêcher de grandir.

ENVIRONS DE NAPLES.

Ce qui manque souvent à la campagne d'Italie, ce sont les arbres ; l'on en voit dans ce lieu en abondance. La terre y est couverte d'une grande quantité de fleurs. La chaleur est si grande dans cette contrée qu'il est impossible de se promener, même à l'ombre, pendant le jour. La variété des sites y est telle que les peintres en dessinent les paysages de préférence.

FLEUVE (LE) des Amazones.

Ce fleuve est à peu près le plus grand fleuve du monde. L'Espagnol , Orellana, fut le premier voyageur qui le remonta, en 153 , ayant vu des femmes armées sur ses bords, il lui donna le nom de fleuve des Amazones. Sa largeur est d'environ une lieue dans sa partie supérieure, et va toujours en augmentant jusqu'à son embouchure, où il a soixante lieues d'une rive à l'autre. On porte à 1,200 lieues l'étendue de son court total.

G

GANGE (LE).

C'est le roi des fleuves de l'Indoustan. Pour les Indous, c'est un Dieu, ses eaux sont sacrées et les purifie de toute souillure. Certains Indous, hommes et femmes, se vouent à des actes de pénitence; ils font vœu d'aller chercher de l'eau du Gange pour la porter à une pagode célèbre du cap Comorin. Un animal amphibie, l'Alligator, désole les bords de ce fleuve; il saisit sa victime comme on le voit sur la gravure et fuit dans l'abîme sans que personne n'ose secourir sa proie. Ce fleuve, dont le cours a 470 lieues, arrose une vaste plaine favorable à la végétation

HOTTENTOTS (LES)

Leur origine est inconnue ; ils sont par
faitement bien faits, leur démarche est gra
cieuse et souple, tous leurs mouvement
sont aisés. Leur visage est moins noir qu
celuid es Nègres ; leur grande parure est de s
frotter la figure et tout le corps d'une sort
de âommade, composée de suie et de graiss
de mouton. Les femmes ont les traits plu
fins, et ont cependant le même caractère d
figure : elles se parent en confusion de col
liers et autres objets en verroteries.

INTÉRIEUR D'UNE PYRAMIDE.

On arrive d'abord dans une première ga
lerie, longue de 74 pieds. Vient ensuite la
seconde, qui monte jusqu'à la distance de
96 pieds, et conduit à une ouverture qui
communique à un puits de trois pieds de
profondeur. La troisième galerie, qui se ter-
mine en pointe, compte 120 pieds de hauteur. Au bout de cette galerie on trouve un
passage horizontal qui conduit à une cham-
bre où l'on voit un sépulcre vide. Quel est
le corps qui reposait dans ce sépulcre? qui
l'en a arraché? Voilà ce qu'aucun historien
n'a pu découvrir.

JARDINS ET CHATEAU DE VERSAILLES.

Louis XIII acheta, en 1627, la terre de Versailles et y fit construire un petit château qui servait de rendez-vous de chasse. Louis XIV résolut d'en faire sa résidence ordinaire; il fit venir les artistes les plus célèbres, et métamorphosa ce château en un palais immense. Le bâtiment et les jardins commencés, en 1661, furent terminés en 1684, et coûtèrent plus d'un milliard. Ce palais, qui n'a point d'égal en Europe, est visité par tous les étrangers qui viennent à Paris. Il possède un Musée où sont réunies toutes les gloires nationales anciennes et modernes.

KREMLIN.

Le Kremlin était le palais des Czars. Il fut brûlé, en 1812, lors de l'incendie de Moscou, par les Russes, qui l'abandonnèrent à l'approche de l'armée française, commandée par Napoléon; d'une architecture à la fois gothique et moderne; ce palais dominait la plus belle partie de la ville. Napoléon faillit y perdre la vie; l'incendie l'environnait de toute part. Il dut son salut, à un officier qui découvrit une issue qui permit de quitter le Kremlin, non sans les plus grands dangers

LAPONS.

On peut regarder le Lapon du Finmark comme le plus pur échantillon de cette race singulière. Pendant l'été, ils habitent sous des tentes; quand l'hiver approche, ils se font une hutte avec des mottes de terre gazonnées; ils se nourrissent généralement de gibier qu'ils se procurent facilement; car ils sont excellents tireurs, et l'été, ils ne vivent que du laitage de leurs Rennes; car ils fuient les terres de l'intérieur pour échapper aux insectes malfaisants qui ne cessent de les tourmenter. Le ménage et l'économie domestique des Lapons sont simples à l'excès.

MONT SAINT-MICHEL.

M Le mont Saint-Michel est un des plus curieux monuments de la France. Placé au milieu d'une grève immense, il se trouve, à marée haute, entièrement entouré d'eau. La forteresse est bâtie sur la cime d'un rocher d'une hauteur prodigieuse. On y arrive par des rues formant escalier, et flanquées de baraques de pêcheurs qui forment une petite ville, qui, par sa position entre le ciel et l'eau, frappe et étonne au premier aspect. Ce château a été successivement occupé par différentes sociétés religieuses. De nos jours il sert de prison à des condamnés politiques.

NIAGARA.

La rivière de Niagara, d'une longueur de douze lieues, varie d'une lieue à une lieue et demie de largeur; elle se précipite de 163 pieds de haut, par deux cataractes séparées par l'île des Chèvres. Le saut de l'ouest, disposé en fer à cheval, a 1,800 pieds de large; celui de l'est en a 1,000. Ce double saut s'annonce par **un bruit effroyable**; c'est moins un fleuve qu'une mer, dont les torrents se pressent à **la bouche béante d'un gouffre**.

OBÉLISQUE DE LOUQOSR.

L'Obélisque de Louqsor que nous possé-
dons sur la place de la Concorde a été donné
à la France par Mehemet-Ali, pacha d'Égy-
pte. Le bâtiment destiné au transport de ce
monument gigantesque partit de Toulon en
mars 1831, et était de retour en France, en
1834. Les braves marins chargés de cette expédition eurent à lutter contre la difficulté
d'abattre ce monument, dont la base plon-
geait à 15 pieds dans le sol, et contre l'iné-
galité du terrain pour l'embarquement.

P

PYRAMIDES.

Les fameuses Pyramides d'Egypte sont à peu de distance du Caire. Les plus anciennes sont celles connues par la victoire que Bonaparte remporta non loin d'elles. On ne sait ni par qui, ni pour qu'elle destination elles ont été construites. La plus grande est bâtie sur un rocher qui s'élève à 94 pieds au-dessus de la plaine; sa base est ensevelie dans le sable. Elle est bâtie avec des pierres aussi tendre que la craie.

QUAKERS (Habitation de).

Les Quakers sont les membres d'une so-
ciété religieuse; ils doivent, dit-on, leur nom,
qui signifie trembleurs, aux convulsions ner-
veuses excitées par un état fréquent d'extase.
Ils se recommandent par une probité sévère
et la pratique des vertus domestiques. Ils ne
saluent jamais, tutoient tout le monde, ne
se découvrent la tête devant personne, et ne
s'agenouillent jamais. Quatre points princi-
paux forment la base de leur doctrine : la
liberté de conscience, le refus de tout ser-
ment, l'horreur de la guerre, et le refus de
salarier les ministres d'un culte quelconque.

ROME.

La ville poétique des artistes est féconde en monuments magnifiques. La belle église et la place Saint-Pierre, que représente la gravure, offrent un coup d'oeil admirable à l'observateur. Parmi les autres monuments curieux que possède cette ville, nous citerons le Panthéon, le Capitole, le pont et le château Saint-Ange, la place du Peuple, les ruines du Colysée, le Forum, etc.

SLe **SIMPLON** est une des montagnes les plus remarquables des Alpes. La route qui fut ouverte, en 1805, par Napoléon étonne l'imagination. Des massifs de 100 pieds d'élévation soutiennent les rochers que le fer et la poudre ont ouverts. La voie traverse 22 ponts et 7 galeries, où peuvent passer trois voitures de front. Un pont de la plus audacieuse construction sert à franchir la terrible cascade que forme la chute de la Frascione, qui interrompt la route. Le point le plus haut de la montagne est de 1,033 toises.

TOURS PENCHÉES DE BOLOGNE.

Bologne possède parmi ses monuments les plus curieux, les deux tours penchées de l'église San Bartolomeo. La plus droite de ces tours est d'une hauteur prodigieuse; l'autre, placée à côté, n'est haute que de 140 pieds, a une pente de 9 à 10 pieds et semble prête à s'écrouler. On ne sait si leur inclinaison est due à un affaissement du terrain ou au génie de l'architecte.

UN VOLCAN.

L'Hécla est un des trois fameux volcans de l'Europe ; il lance ses feux à travers les glaces et les neiges d'une terre gelée. Ses éruptions sont aussi violentes que celles de L'Etna et d'autres volcans des pays méridionaux. Il jette beaucoup de cendres, des pierres ponces ; et quelquefois aussi de l'eau bouillante ; on ne peut pas habiter à six lieues de distance de ce volcan. Toute l'île de l'Islande, où il se trouve est fort abondante en soufre.,

V

VENISE (place Saint-Marc).

Cette ville était la capitale de la plus ancienne république de l'Europe; elle fut cédée par le traité de Lunéville à l'empereur d'Autriche, où elle retourna par un acte du congrès de Vienne, après avoir fait un instant partie du royaume d'Italie. Située au fond du golfe auquel elle donne son nom, Venise est sillonnée d'une infinité de canaux; elle est remarquable par sa place Saint-Marc le Rialto, le palais des doges, le pont des soupirs et autres monuments. 150,000 habitants.

XYLOLATRIE.

CULTE DES NÈGRES ENVERS DES IDOLES DE BOIS.

Les Nègres sont d'un noir plus ou moins foncé; ils sont encore plongés dans la plus profonde barbarie; ils vont à peu près nus, vivent sur les arbres et dans les creux des rochers, se nourrissent de chasse et de pêche, ou des productions spontanées de la terre; ils n'ont pas la moindre trace des arts indispensables à la vie, et croupissent dans la superstition la plus affreuse. La gravure représente dix Nègres esclaves mangeant le calalou.

YOUSOUF-BEN-TASCHFYN.

Ce prince musulman d'Afrique, succéda à Aboubekr-ben-Omar en 1070, et fonda la ville de Maroc, capitale de l'empire de ce nom. Appelé au secours des princes musulmans d'Espagne, il défit complètement Alphonse VI à Zalaka, près de Badajoz en 1086, et mourût l'an 1106, après avoir conquis une grande partie de l'Espagne.

Z

ZOOLASOU.

Ce peuple, de la famille des Cafres, est généralement d'une taille plus haute que celle des Hottentots; ils n'ont pas moins de cinq pieds cinq pouces; leur figure est ronde; le nez pas trop épaté; de belles dents, de beaux yeux, et la couleur du corps d'un noir bruni. Ils se tatouent beaucoup, et particulièrement la figure; leurs cheveux très crépus ne sont jamais graissés. Les arts sont peu connus chez ces sauvages, pourtant ils travaillent et forgent le fer. Leur costume de guerre est sauvage et singulier

WARWICK (Tombeau du Comte de)

Richard Beauchamp, comte de Warwick, était le favori d'Henri V, roi d'Angleterre; commanda une expédition contre la France en 1412; fut ambassadeur au concile de Constance en 1414, puis auprès de Jean-sans-Peur en 1416; suivit Henri V en France, s'empara de la Roche-Guyon en 1419; devint gouverneur de Henri VI en 1426; dirigea la procédure contre Jeanne-d'Arc, fut nommé régent de France en 1437, et mourût en 1439.

Clichy. — Imp. Paul Dupont, 12, rue du Bac-d'Asnières